教育傳承

禪

1983-2013　　靈鷲山教育院/彙編

靈鷲山30週年山誌
Ling Jiou Mountain 30th Anniversary Edition

序

　　全球化的巨輪不斷地向前滾動，古往今來的歲月流轉輝映出不同的時代面貌。初上靈鷲山至今，已經是三十年的光陰了。

　　回首三十年來的歲月，靈鷲山能夠從無到有，自微而壯，以禪立宗，以心傳心，弘揚佛陀無上微妙法義於當代娑婆，賡續祖師珠璣法教宗風於四眾學子，並承繼太虛大師和虛雲法師的禪行志業。都要感謝諸佛菩薩的慈悲加被，以及所有善信大德的護持擁戴。在大家的共同發心努力下，方能譜下一段段用汗水辛勤播種、用正念面對橫逆、用願力成就一切的靈鷲山故事。

　　早年我因為閉關往返於宜蘭臺北之間，看到東北角的地理氣場，我感到這裡似乎有一大緣起的道場，後來因緣際會踏上這一片土地，讓我可以度過危險的斷食關，雖然眼前是一片荒蕪叢林，但靈氣十足，度眾的緣起也打開了。秉持著修行人對諸佛菩薩的使命傳承，以及對眾生關懷護念而來的無盡願力，讓我和十方善信弟子，毅然在此開墾生根。大家從零開始，齊心協力，披荊斬棘，一步步地把這一片杳無人跡的荒山，打造成佛子往來不絕的人間佛土。從祖師殿到華藏海，一石一瓦寫下靈鷲人共同的記憶；從多羅觀音到毗盧觀音的交流，串聯靈鷲山與南海觀音道場的一脈相承；而從靈鷲山總本山禪堂到全球禪修中心的延伸，更是勾勒華嚴聖山計畫的藍圖座標。

　　我是一個觀音法門的行者，這三十年來的修行弘法，願力就是關鍵，這份願力源自於禪的體悟，也得以舒展因緣而呈現出華嚴的志業，總攝是觀音的教化啟示，觀音的示現都是時代所需的啟動。禪修，讓我透澈無常生滅背後的生命實相，並體悟到生命之間彼此是一個相互關聯的共同體。成立道場以來，我們以「慈悲與禪」作為宗風，引導大眾從心的修持觀照中轉化出關懷濟世的菩提願心，並以此利生度化，終而成就共生圓融，多元和諧的華嚴淨土，這是行願貫徹的自然展現。

　　從一個人的體悟逐漸善緣具足，籌組護法會、成立各基金會，推動禪修、法會、朝聖、生命關懷來連結大眾的生活實踐。隨著開山的緣起流轉，創辦世界宗教博物館是一個重要里程碑，宗博宣揚「尊重、包容、博愛」理念，因應時代的挑戰與衝擊，促進國際間宗教對話與交流合作，共築「愛與和平，地球一家」的願景，這樣的特殊志業帶動了社會的生命教育，也把禪修內修的身心鍛鍊變成人人可以當下修行的「平安禪」，更進而擴大為「寧靜運動」，為五濁世間灌入禪修清靜祥和能量。這些循環連結點點滴滴的美好記憶，今後也將持續不懈地進行下去。

　　宗教修持以身教為主，教育是僧信循環的根本，僧信就是師徒教育，就是做聖凡的轉換機制，我將自己的修學歷程和禪修體證融會到佛陀的教育，歸納為僧信四期教育體系，希望從最初僧格養成的「阿含期」到最終培養住持導師的「華嚴期」，次第教導，培育更多佛門龍象從事弘法度眾的志業，從僧眾到居士幹部都歸同一核心修持。落實個人實踐「工作即修行，生活即福田」的生活禪理念，體認「生命服務生命、生命奉獻生命」的真諦，貫串到僧信循環，這樣具足生命關懷與回歸靈性的教育，就是生命和平大學的基本盤，進而還要以這樣的教育平臺來回應時代發展，培養覺醒生命的「愛與和平」種子，從心的和平延伸成整個世界的和平。

　　經過三十年的風雨陰晴，我們要更省視並確定自己的腳步，以此「立禪風、傳心燈」，把這份心的見證作為傳承法脈的基因，持續努力灌溉慈悲的遍滿，變成生命和平大學。讓我們持續串聯無數的三十年，來創造「華嚴聖山」無盡圓融。這是我的願力，也是這個時代的需要。

　　　　　　　　靈鷲山佛教教團
　　　　　　　　開山和尚

目錄

1983-2013
靈鷲山30週年山誌
教育傳承篇

壹、緒論：靈鷲山教育理念和體系的全貌

我是出身在戰亂中的一個孤兒，從小體會到生命的苦難與無常！從墳墓塚間苦行及斷食閉關，來體證生死和涅槃之道。從這個基礎，發展出「修行弘法」的四期修學體系，效法世尊從華嚴證量到阿含教化為起點的一個教育體系。

——靈鷲山開山和尚心道法師

　　這是靈鷲山開山和尚心道法師在參加第二屆世界佛教論壇時，談到關於他的修學體系是如何發展出來的思考。心道法師用他自身的經歷結合他禪修時的體證，開展出以「修行弘法」為教育主軸的四期教育體系，這個體系是通過具體實踐的覺者所開展出來的。它不同於一般由知識系統所建構出來的教育體系，它具有很高的實踐性、特殊性和時空意義，而這四期教育的精神，也貫穿在靈鷲山整體的教育理念和教育體系中。

　　在資訊爆炸的時代，各種知識學問充斥其中，昔日為求一法而必須千里跋涉的遺風已不是今日學法的關鍵，如何在各項唾手可得以及令人目不暇給的資訊中，尋找能夠引領自己走在正確的學佛道路上的教育體系，才是當前修學佛法的困難。一個正確的修學次第和教育內涵，將會深深地影響我們在學佛路上的順遂與否，乃至能否解脫成佛。

　　本篇所呈現的，是一個出身戰場，走過墳場，最後成就道場的禪師，如何將他畢生的修行經驗與體悟，通過他

的經驗與智慧，將整個佛法的行持化為四期教育的次第，希望能培養出以禪為底蘊，以智慧為化用，通過慈悲展現無上的菩提願力，以宇宙天地萬事萬物為實踐場域，讓眾生能夠體認宇宙萬有皆是生命共同體，讓愛與和平遍滿一切處，最終能達到究竟圓滿的華嚴世界。

因此，我們將通過本篇，理解心道法師的教育理念的背後，隱含的是如何對眾生的慈悲與期待，以及認識靈鷲山是如何將心道法師的教育理念開展在其教育體系中。靈鷲山的四期教育體系，不僅貫穿其僧眾教育和信眾教育，也貫穿於其日常生活的行誼和活動中，實踐心道法師不斷強調的「教育即組織，組織即弘法」的精神。

另外，心道法師在教育體系上還有一項重點，就是希望籌建「生命和平大學」，這是源自於其對「全人教育」與「愛與和平」理念的重視，期望將「愛與和平，地球一家」的理念落實與推廣到世界各地。這也是靈鷲山教育體系未來努力的方向，將於本篇最後詳述。

貳、靈鷲山教育思想與特色

靈鷲山的教育體系思想與架構最主要的發軔是來自心道法師，之所以會形成如此具有特殊性和時代性的教育體系，和心道法師的生平經歷以及修學歷程有著密不可分的關係，因此必須先回顧他的學思經歷才能對靈鷲山的教育體系有一個全面且透澈的理解：

一、心道法師修學歷程

開山和尚心道法師出生於南傳佛教古國的緬甸，由於戰火自幼顛沛流離，飽嚐生存的艱辛，十歲時，為了減輕親戚撫養他的負擔，並對讀書的嚮往，被勸誘加入滇緬游擊隊，目睹同袍們生死的瞬間永隔，對於生命的省思與解決世間諸苦的問題萌芽於心。其中於故鄉緬甸看到阿羅漢騰空橫越水潭的聖蹟，也讓他植下拜師求道的種子。

十三歲時，心道法師隨軍撤退來臺，與袍澤相敘時，偶然聽到觀音菩薩的聖號，熟悉的印象使其不由自主地流淚，彷彿在苦難的大海中找到依靠。出家前的十二年間，心道法師始終效法觀音菩薩的修行與大願，茹素、打坐、在身上以針自刺「悟性報觀音」等字，皆以觀音為修持的典範。

二十五歲出家後，開始長時間禪定默照心性。而在閱讀祖師古德傳記時，對大迦葉尊者的苦行深心嚮往，從士林蘭花房的獨修開始，一步步走向一般人難以瞭解與承受的頭陀苦行。於十二年間，經歷了獨修、塚間修與斷食閉

關，一次比一次更嚴峻，從外在環境的逼臨死亡，到將自己推向生死之際去參究靈明不動的本覺，終而體悟心性的大圓滿。心道法師曾經表示「我在墳墓的一個十年苦行，以及兩年在山洞斷食的一個經驗──我在很深的禪定中，體悟到宇宙的實相就是佛陀所示的華嚴世界。」

心道法師體會到的華嚴世界，即是日後他一再開示的「圓融無礙」、「大悲周遍」的聖境，這個聖境沒有他我之分，如珠玉之網的互融互攝，一即一切，一切即一。而這個一，也就是我們的真心。因而心道法師在三十七歲出關後，在隨緣教化的眾多方便法門中，一直不斷鼓勵四眾弟子精進習禪，因為心道法師認為禪修是對這個心「做『明白』的工作」，是契入心性最直捷的方式。

也因此，後來心道法師發展出四期教育，以禪為核心基礎，以華嚴為成就境地，也是在這樣的經歷上發展出來的。

哈佛族尋根之旅，造訪心道法師塚間修時，參悟生死無礙的靈骨塔。

　　而由於心道法師的修行，最早是受觀音菩薩的啟發，而後因欽敬祖師大德的苦行而開始效法，造成他重視實修和實證體悟的特性。因此，心道法師認為修行之路是個因緣，並未要求弟子都依循他的道路，反而鼓勵弟子三乘並學，而後才能三乘兼弘，以因應現代社會多元又緊密相互依存的地球村特質，進而推動愛與和平地球家的理想。

　　教團之所以有三乘傳承，也是因為心道法師的因緣，心道法師除了依照漢傳修行法門修學之外，也在緬甸受戒，後又得到寧瑪噶陀傳承莫札法王以及毗盧仁波切的認證。心道法師認為南傳、藏傳、漢傳都是佛陀的教法，都是成佛之道，都需要廣學而弘化，因為「三乘是一個應機的傳承，佛把珍貴的法留給各種不同的因緣。每個人都有他不同的因緣、習氣，有的喜歡密，有的喜歡禪，有的喜歡小乘，不一定，這就是過去他的因緣。所以我們不排斥哪一乘，因為每一乘都可以助人離苦得樂，我們對這些法都同樣珍惜。所以我們這裡叫『三乘佛學院』，平等尊敬每一個乘的法教，希望把三乘珍貴的佛法傳承下去，這就是靈鷲山開闊的學風。」

　　心道法師出身戰亂，深切地體會到和平的重要與珍貴。深悟華嚴實境，透澈瞭解靈性無差別，所有生命都是一個共同體，因此除了佛教內部的三乘合作之外，心道法師還呼籲世界各宗教也須一起交流合作。無分宗教，靈性的本質都是寂然清淨、和諧平安的，從內心的和平能帶動外在的和平，因此心道法師開示：「心和平，世界就和平。」華嚴境界在這個地球的呈現，就是愛與和平、地球一家。這也是靈鷲山在這個新世紀的教育傳承使命。

由上述的說明我們可以知道，心道法師是在不斷地實
踐的過程中逐步圓滿自身的修行，並且經由不斷地參訪學
習而融通三乘法脈。由於他不是出身於正規教育體系的訓
練，而是靠自己的努力與實踐來修學佛法，因此，才會發
展出他以實踐作為核心基礎，以具體應用作為內涵的靈鷲
山教育體系。

二、核心理念

　　心道法師是以禪作為他的修行主體，心是禪的核心，禪是心的展現，因此，他的教育核心理念是環繞著以心為主體的禪修來開展和貫穿，循序漸進、兼容並蓄，並以體現華嚴精神作為其最後的圓滿收攝，而具體的次第則通過四期教育的方式來呈現。

在行禪中觀照覺知，從覺知中發現覺性，最後從覺性進入法界、宇宙。

　　佛陀的教導有八萬四千法門，但一切都不離開「心」。禪宗祖師說：「百千法門，同歸方寸，河沙妙德，總在心源。一切戒門、定門、慧門，神通變化，悉自具足，不離汝心。」另外，心道法師在少年時代得聞觀音聖號而內心有所感悟，發起「悟性報觀音」的大願，而觀音菩薩代表大慈大悲、救苦救難的精神。所以，從禪修而開悟，開悟而起大悲，兩者都是「心」，由「心」而悟，從「慈悲」顯心，因此，靈鷲山教育理念的核心就是從每個人的「方寸心源」出發而展開，從「心」的原點而邁向一切，又不離「心」的本源。

　　「心」是萬法的源頭，《華嚴經》說：「心如工畫師，能畫諸世間，五蘊悉從生，無法而不造。」學法求道，必須從「心」出發，第一步要做的是安心，禪宗二祖慧可「斷臂求法」的公案所求的即是安心，因為心安了之後，其他一切萬法的實踐才變得可能。靈鷲山教育理念核心的基礎是「禪」，從禪修裡面，用禪的方法，無論是七覺支盤腿坐禪，像靈鷲山推行的平安禪，或是透過傳統的參話頭，又或是平常心是道的生活禪，總言之，是以「禪」來降伏、調順我們的「妄心」，以這顆平安、和平的「禪心」作為實踐一切的根基。

　　所以，靈鷲山教育理念以禪悟的「心」作為實踐主體，貫穿佛陀所開展的一切教法，也就是小乘、大乘、密乘這三乘的佛法，小乘佛教以四念住、五停心觀等禪法來對治修行者自身的心念，成就自了自悟的阿羅漢果。大乘佛法在調伏自心的基礎上，發起上求佛道、下化眾生的菩提心，這即是實踐自度度人、自覺覺他的菩薩道，大乘實

踐、覺悟的也是「心」，但除了自悟己心之外，還進一步幫助其他眾生離苦得樂。密乘講求與上師、本尊的身口意三密相應，且有著非常嚴密的修行次第，而最終入於「心」的大圓滿。

心道法師創辦的世界宗教博物館，在參觀入口處即寫著「百千法門，同歸方寸」，因為這貫穿三乘佛法的一心，不單是全體佛陀教法的基礎，同時也是全世界各大正信宗教的共同基礎，一切的信仰都從「心」出發，愛人從「心」出發，敬拜任何的天神地祇也都必須是出於至誠之「心」。因此，從方寸之「心」出發的禪修實踐，不只是一切佛法的基礎，也是一切宗教信仰，以至於人類全體文化的實踐基礎，瞭解此點，即能包容不同的宗教與文化，為此之故，靈鷲山以調心、安心等「禪」的實踐作為教育理念的核心根基，唯有「心」打開了，才能夠真心地包容、接納、領受不同的宗教文化，心道法師說：「**因為不同而存在，因為同而和諧。**」就是基於「禪心」的體悟而來的，所謂接受多元文化，必須在這裡奠立它的基礎。

作為實踐一切教法的方寸心源，它並非只是實踐的出發點，「心」本身是沒有界限的，華嚴講「法界一心」，所以，心量有多大，我們的世界便有多大。「心」的實踐境界，與我們慈悲一切眾生與否有著息息相通的關係，因此，禪悟與慈悲，是實踐真心的一體兩面，禪悟境界愈深愈廣，心的實踐世界便愈廣大而不受限制，另方面，我們愈能夠發大菩提心慈悲善待一切眾生，則禪悟境界便愈來愈深廣，此所謂「心包太虛，量周沙界」的道理。所以，以禪悟一心作為教育基礎的同時，它的內涵必然包含對眾

生的慈悲，這是「心」之本體、本質，也就是「心」的本
來面目的顯現。

　　從禪悟所體會到「心」的本來面目，其本地風光必
然是平安、寧靜、和諧、慈悲，是任運而起地呈現出「慈
悲與禪」的精神，把此一精神的實踐從「心」而邁向三乘
佛法，以至於全世界的宗教與文化，其結果必然是和諧、
和平一切。所以，心道法師常說：「心和平，世界就和
平。」這是靈鷲山教育理念的具體實踐「心法」，它背後
包含著非常深層的實踐意涵，而當這一實踐的落實愈是具
體，便愈能體現一即一切、一切即一的華嚴圓融無盡精
神，「你中有我、我中有你」，這一切生命都是共同體的
理念，便具體而微地呈現，把堪忍的娑婆世界，當下轉化
為豐富多姿的華嚴世界。

三、核心意涵

　　這裡的核心意涵，指的是將理念轉換成日常實踐時的表現方式或範疇。心道法師的教育理念，是以禪為核心基礎，以慈悲為化現，在「慈悲與禪」的相互辯證作用下，延伸和擴散成他教育的全部內涵。因此在這裡，我們可以把他的教育內涵歸結成「佛法教育」、「生命教育」和「和平教育」。

　　「佛法教育」：心道法師以「慈悲與禪」作為他整體教育理念開展的核心底蘊，以禪開始，貫穿整體教育理念，最後回歸到華嚴，由此開展出「四期教育體系」，再進一步完善和延伸出各項教育內容、目標與價值。

　　「生命教育」：心道法師關懷重視全體人類的生命生活，這除了展現在其平日生活以及帶領教團組織四眾弟子

之外，並充分呈顯在他所創建的「世界宗教博物館」「尊重、包容、博愛」的理念實踐之中。而心道法師現今推動籌辦的「生命和平大學」，宣揚「愛與和平」的理念，都是來自於他對整體生命的關懷與愛護，這些教育模式和理念，都是屬於當代「生命教育」的範疇。

「和平教育」：心道法師的教育目標，除了在宗教意涵上希望能解脫自在外，落實到世間法上便是希望能達到「世界和平」。所以，他強調「心和平，世界就和平」；他致力於推動「愛與和平」，籌辦「生命和平大學」，把「世界和平、地球一家」作為他志業推動的願景。可以說，「和平教育」是心道法師教育思想中相當重要的一環，也可以說是其生命教育的延伸，更可以視為他整體教育的收攝，因為和平的落實也就是華嚴世界的體現。

每年七月靈鷲山舉辦
「兒童學佛夏令營」

　　總言，心道法師的「佛法教育」是通過「生命教育」
與「和平教育」展現出來的，而其「生命教育」和「和平
教育」背後又是以「佛法教育」作為落實的依據，而統
攝在他的四期教育精神中。這樣的教育意涵，是其對祖師
「人生佛教」思想的體悟與實踐，也是其華嚴思想的具體
展現。

兒童學佛夏令營，學習如何作為一個佛子的第一步——禮敬諸佛。

四、四期教育的次第與內涵

靈鷲山的四期教育體系，是心道法師在他獨特的修學經歷與悉心思考下發展出來的。一方面明確地劃分出每一期的教育重點、內涵和目的，另一方面也揭櫫了心道法師對整體教育方向的思考與突破，在反映出靈鷲山教育體系特色的同時，也反映出心道法師對弟子的期待。

心道法師是從墳場苦修出身，以禪立風，因此他特別重視弟子的禪修功夫，並且以禪修來貫穿他的整個教育體系。而也由於他的苦修經驗，讓他體悟到實證的重要，因此，他的教育體系奠定在解行並重、由淺入深、次第漸行的基礎上，以扎實的課程和學習引導，讓學子能從最基礎的僧格養成，到瞭解般若空性而升起智慧，再到瞭解佛心本懷而升起慈悲度眾的大乘菩提心，最後德行圓滿而成為能住持一方弘化世人的佛國導師，這個以禪為開始，歷經般若、法華，最後以華嚴為依歸的教育系統，就是靈鷲山的四期教育體系。

四期教育體系的分期與目的如下：

一、培養初學者如何成為一個出家人、成佛法器的「阿含期」。

二、建立佛法根本見地，學習如何運用於生活執事的「般若期」。

三、實踐菩薩道弘法利生的「法華期」。

四、成熟為具足世界觀，能住持一方的「華嚴期」。

三乘佛學院弘法師
培養課程

每一期都有經典依據，如阿含期落實四部阿含的精神，般若期是般若中觀經論為主，法華期以《法華經》為依，華嚴期則以《華嚴經》統攝。雖分四期，然而整體的學習與修行，都不離開當下的真心與菩提心。

以下依次說明四期教育體系的內涵與意義：

（一）阿含期

阿含期的學習，主要是引導發心者養成良好僧格與堅固道念。

一、安立身心、清淨修道：從安立身心開始，學習感念四重恩，依止上師的法教、心存感恩常住的心而安住，並建立自身清淨的修道生活。

二、卻除習氣、建立僧格：學習如何面對身心業習，依佛法的因果緣起、正念，培養僧格品德。

三、依四念處觀照、奠定出離心：學習了別身心本空、世法無常的人生、現象，奠定出離之道心。

阿含期主要依佛陀《阿含經》的聖諦法教，在生活經驗裡觀照，發現佛法與生命的本質關聯。由此建立學佛基礎，養成能成就修行的出家僧格。清楚如何從僧格的養成到如何進入聖位，在解門與行法都具足信心。在阿含期學習中，首重佛門五堂功課及出離心的堅固，並熟練佛門行儀，展現清淨祥和、慈悲安定的出家威儀，期許佛陀時代的清淨僧團再現。

（二）般若期

般若期的學習，著重於引導修行者的「僧伽慧命養成」。

一、止觀修學、立般若正見：如何學習止觀寂靜禪定與觀照緣起性空，建立定慧一如之般若正見。

二、解行並重、生活中起觀照般若：寺院學院化、學院寺院化，以般若行觀照生活中的處處解脫。

三、處眾倫理、重協作承擔：從無我空性中體會與實踐如何處眾利生的協作承擔，培養僧倫與職倫。

般若期是依佛陀般若經典的中觀慧見，在生活日用中觀照，由發現佛法的存在，進而漸次能將佛法理念貫通融會，並學習在生活中實際應用，來體認佛法本質，淬鍊為能承擔如來的法器。例如在靈鷲山，即以「生活即福田，工作即修行」的般若理念來體認和實踐心道法師禪法的教化。

（三）法華期

著重於引導修道者「發起菩提行願」。

一、發菩提心：學習將般若性空的觀照與大悲心相互連結，明白心、佛、眾生三無差別，而發起清淨菩提心。

二、鞏固菩提心：歷練度生行儀，了知諸法如幻，覺醒輪迴苦趣的妄執，安住佛性圓照清淨本來，以願力轉化業力。以懺悔浣滌業識垢染，依此堅固菩提行願。

三、成就菩提心：學習諸佛菩薩的空悲善巧，發掘自他的潛能特質，發願深入無為法的修持，成就自他無二的利生志業。

法華期的學習實踐，最重要的是能善巧地向大眾推展戒定慧三學的修習，耐心、愛心地對待苦難的眾生，無私地接引大眾學佛和發菩提心，以身作則、服務人群。而如

何與時俱進、推動當代弘化，這與社會脈動保持連繫是十分重要的。

每年農曆七月舉行靈鷲山水陸空大法會可以視為法華期教育成果的驗收。因為該法會是以當代眾姓水陸的法會平臺，接引現代人參與的懺法，由打開超越時空之人我限制，發現生命的深度和廣度，認識「生命共同體」的存在，體驗佛法因果與輪迴業報的真實不虛；並在十方諸佛菩薩加持見證下，誠心懺悔、淨除罪障、發願迴向，與過去現在未來法界眾生和解恩怨、廣結善緣、發心學佛、悟道成佛。而整個水陸空大法會壇城，也是佛子精進修道、落實行願的重要關期，由淨心行願、護念利生、成就佛道，具體印證法界整體就是諸佛菩薩教化眾生修道成佛的生命教育場所，也印證《法華經》「一佛乘」的大教場。

（四）華嚴期

培養具有世界觀，能住持一方、傳承聖教的優秀僧才。具足三力：

一、實證修行力：能把握實修方針，體證心法。

二、佛學專業力：具足理解三藏十二部之基礎，並專精於一經一論。

三、宏觀度化力：具有世界觀，弘揚正覺之法、平等度化眾生。

培養抉擇正法的觀照力，依佛教真實義的思辨，建立中心思想，成為住持一方之人才，以諸法實相自利利他。

華嚴期教育，期許學人能擔荷如來家業，融合時代需求，轉化一切對立於法界和諧之中，令世間法、出世間法，無有差別，有情、無情同圓種智。例如：因應全球化多元社會，如何以一念真心，關愛地球、推動和諧世界，這是華嚴期應有的願力與實踐。

四期教育雖然是以出家眾作為實踐的主體，但其背後精神卻可以貫穿到靈鷲山整體的教育網絡中，以禪修為核心基礎，以華嚴為依歸的修學次第，成為靈鷲山僧俗二眾教育的最高指導原則。

參、教育體系

　　心道法師以三乘合一之精神教化四眾弟子，從道場規劃、設立叢林制度到次第教育弟子的四期教育體系，可謂「不繫一法，融會貫通」。重點在啟發弟子的菩提心，讓弟子在修行、弘法等學習的過程中，回歸佛陀本懷，找回真心。其教化思想效法世尊從華嚴證量到阿含教化，個人依止如是佛法教育之軌跡，並由此開展出靈鷲山弘化四方的行誼志業。

一、僧眾教育的體制發展

　　靈鷲山僧伽教育，可從心道法師於宜蘭龍潭湖畔的如幻山房閉關時期，第一位出家弟子開始。早期心道法師對於徒眾的教育方式相當嚴格，由於他是實修實證的法師，因此對弟子的要求，除了重視以靜坐為觀心的根本訓練，更要求弟子直接面對當下因緣的磨練，在生活上隨時學習放下執著與妄想，更要有善巧對應社會、應緣度眾的菩提心行。

　　心道法師對弟子的教育從基礎見地上，特別重視般若思想與空性的修證，這是每個弟子都應具備的基本見地，因為不管哪個教法，大乘、小乘、密乘都離不開般若。弟子學法必須在生活中依此觀照實踐，方可獲得心性證悟的解脫。心道法師曾說道：「靈鷲山是一個禪宗道場，雖然三乘都在弘揚，事實上，確實是一個禪宗道場，我們的祖師殿立有禪宗歷代祖師牌位，表現出我們是禪宗的傳承、禪宗的教育。禪講見地，就是我們思維到的地方，見地真的時候就是修行，就是佛地、就是果地；見地不真的時候，那就是妄想。」

另外，「寺院學院化、學院寺院化」為靈鷲山學風特色，主要是將學院與道場的運作結合，處處皆是修行的道場，處處也都是弘揚佛法的空間。

（一）三乘佛學院

1、僧伽教育的發展與沿革

（1）一九八九年萌芽時期

靈鷲山自一九八九年起開始每週一天的封山課程，首由靈鷲山大師兄法性法師及樂崇輝居士等開設八宗綱要課程。一九九一年更打開了臺灣各道場的先例，首先邀請創古仁波切傳授阿彌陀佛及頗瓦法灌頂，迄今三十年來，各類講經課程、律儀訓練課程，以及弘法相關之專題講座陸續開設，不曾中斷。

開山初期於草寮禪堂，體悟自性。

藏密課程

（2）僧伽基礎教育的次第施設過程

　　一九九五年起，隨著道場僧眾日益增加，開始由資深
僧眾於週一僧眾精進日，開設基礎佛學課程。至一九九七
年，開設沙彌受戒集訓與新僧集訓課程，至此新進僧眾於
出家及受戒前，都須經過系統的訓練課程，審核通過方可
受戒成為大僧。

　　一九九六年，試辦過一屆靈鷲山世界宗教研究院僧伽
弘法班，弘法班開設雖僅為期一年，卻為本山正式系統辦
學之始，對當時弘法僧才之佛學素養及現代化的弘法理念
導入，實深具意義；也為未來本山弘法教育之開展，打下
穩固的法教基礎。

　　一九九九年，開設第一屆沙彌學院，此為三個月密
集沙彌教育之始。從發心出家到受三壇大戒前，須先進入
「沙彌學院」，學習如何成為一個出家人。沙彌學院是健
全僧格的搖籃，出家人的行儀、僧團戒律、對上師的信

心、梵唄與殿堂實習、執事實習與行菩薩道的認識等，於此時期開始深入認識與瞭解。

如同房子的地基，僧格養成對於出家人終生的修道有決定性影響。受三壇大戒之後，則接受進階的僧尼教育課程，深入瞭解戒律與經教，並安排禪修閉關精進。

二〇〇三年成立三乘佛學院，由左二起，依序為守成長老、戒德長老、寬裕長老等諸長老於現場觀禮。

（3）對外招生辦學的起源——靈鷲山三乘佛學院成立

秉持本山宗風及心道法師多年對弟子教育的堅持，為令大眾對三乘法脈有一完整正確的認識，靈鷲山彙整多年實修與辦學之經驗，並參訪諸多長老大德及教界學界的資深顧問如趙玲玲老師、廖誠麟老師等，計畫籌辦更有系統的佛學院課程。並於二〇〇二年十一月，將原本計畫籌設的僧伽學院及禪修學院合併為三乘佛學院，以整合教學及行政資源。

三乘佛學院
第七屆初修部開學典禮

　　二〇〇三年，靈鷲山三乘佛學院正式成立，開設僧伽進修班與對外招生的佛學院初修部。三乘佛學院以對外招生為主，採學期學年制，每部修業兩年，對佛學有更進一步修習意願的在家居士（年齡十八歲至三十五歲），可透過此學程，系統化地學習。學程分為四個階段：初修部、進修部、專修部及覺修部；在初修部階段，以戒、定、慧三學的道次第為架構，奠定三乘佛法之基礎見地為根本；進修部階段，則逐漸輔助學僧確立專修方向；專修部時則依個人所契合之法門，開始一門深入，解行並重；覺修部時，即應具有放眼世界、住持一方之弘度器量。

　　三乘佛學院從課程規劃到師資請聘，不僅重視學問知識的研習，更欲培養能承擔時代使命、實證佛法、自覺覺他的精進行者。靈鷲山的僧伽教育強調生活的實踐，從語默動靜中，不斷提醒學僧打開心量、調柔身心，期許無論在家或出家弟子，皆得成為菩薩的行者、法門之龍象。

三乘佛學院講堂巡禮課
程，帶領學僧至全臺各
講堂學習講堂經營。

2、核心理念與課程特色

歷經多年的經驗，靈鷲山辦理僧伽教育，包含四大教育理念：以菩提心為修學體系核心的四期教育、完整體現靈鷲宗風的靈鷲學課程，以及三乘法脈匯聚的三乘教育和解行合一、福慧雙修的教育理念。

（1）以菩提心為修學體系核心的四期教育

學佛首重發菩提心，《華嚴經》即云：「初發心時，便成正覺。」發菩提心之後，便須確實實行「戒、定、慧」三學。靈鷲山三乘佛學院的課程設計即是以戒、定、慧三學為基礎，並在心道法師的四期教育思想指導下，建立靈鷲山僧眾修行弘法的四期修學體系，從成為一個出家人的僧格養成的阿含期；至建立佛法根本見地，並於生活中運用的般若期；再到弘法利生行菩薩道的法華期；最終成為具足世界觀、住持一方的華嚴期。亦即，從初發心到鞏固菩提心、再到長養菩提心，並將菩提心種子播撒於眾生。心道法師說：「靈鷲山的教育體系雖分四期，然而整體的學習跟修行，都離不開當下的真心跟菩提心。」也就是靈鷲山的教育理念，整體而言，是以菩提心貫穿整體的教育體系。

（2）完整體現靈鷲宗風的靈鷲學課程

靈鷲山開山三十週年，從開山初期的篳路藍縷、一切因陋就簡，心道法師堅持弘法度眾初衷，一路走來，突破種種艱辛與困難，方有今日頗具規模、內修外弘齊備的叢林道場。本山成立具系統性、有次第性的靈鷲學，希望透

靈鷲學全山大會考

過靈鷲學的課程，一則開闊心量與視野，一則砥礪弟子更
加努力，追隨法師及善知識的腳步，成為佛法弘化的時代
尖兵。

　　靈鷲學的內容分成四階段（請參見表一），第一階段
的修學提綱是認識心道法師，瞭解心道法師的修行歷程，
也說明華嚴聖山的理念、法脈及弘化的具體實踐。

表一、靈鷲學修學次第簡介

靈鷲學修學次第	綱要	內容
第一階段	1. 認識心道法師 2. 瞭解華嚴聖山	1. 深入瞭解心道法師的修行歷程 2. 介紹靈鷲山的緣起、理念、 　法脈及弘化過程
第二階段	1. 瞭解護法、教育及講堂的組織文化 2. 認識水陸空大法會	1. 介紹護法組織、四期教育、 　講堂組織 2. 說明水陸空大法會的重要性
第三階段	1. 介紹志業：世界宗教博物館、 　愛與和平地球家與生命和平大學 2. 瞭解禪修法門	1. 介紹世界宗教博物館和 　愛與和平地球家的緣起、 　發展及願景 2. 瞭解禪修法脈之傳承
第四階段	1. 瞭解社會關懷志業 2. 介紹朝聖活動	1. 臨終關懷、獨居老人關懷 2. 推廣緬禪和朝聖

　　瞭解心道法師的苦行歷程，是認識靈鷲山的入門課程。初階課程循序說明心道法師修行的法門和宗派與在佛法上的傳承意義、苦行的過程與體悟、苦行對靈鷲山志業體開展的影響，以及苦行對當時及現代社會所造成的意義。深入理解心道法師的苦行因緣後，方能進一步瞭解總本山的緣起、理念、心道法師修行與華嚴的連結，以及靈鷲山傳承佛法心燈的華嚴思想；繼而再說明總本山慈悲與禪的宗風，以及心道法師對華嚴思想的教示等。

　　靈鷲學第二階段，說明靈鷲山護法會、教育院和講堂的組織文化，以及解說水陸空大法會的歷史和殊勝功德。此階段詳述護法會的緣起、宗旨和願景，期望四眾弟子能產生使命感，共同為推廣佛法而團結合群，發利益眾生之大願。在教育方面，則全面講述靈鷲山的教育體系、內涵精神，以及四期教育的規劃和未來使命，期使弟子能深入經藏、應用所學，重視對法的內外在薰習培養，以勉勵自身勇於荷負如來家業。

哈佛族回山同學會，
一起成為寧靜大使。

在講堂方面，則介紹全臺講堂分院成立的宗旨與意涵，靈鷲山講堂分院遍布海內外，每週舉辦共修與各式推廣活動，期使廣大護法善信能有更寬廣多元的空間來聽經聞法，增長善業。

此外，本階段也著重說明水陸空大法會，包括法會淵流、佛事結構、流程、儀軌等意義淺釋，並特別闡述心道法師悲願與靈鷲山開辦水陸空大法會的起源。靈鷲山以水陸空大法會為橋樑，接引眾生修習佛法，因此開辦課程，讓四眾弟子明白舉辦水陸空大法會的重要意義，期能對內秉持悲願，對外廣利群生。

靈鷲學第三階段，介紹「世界宗教博物館」和「愛與和平地球家」（Global Family for Love and Peace，簡稱GFLP）兩大志業體，並瞭解靈鷲山的禪修法門。此階段說明世界宗教博物館的精神與創館理念，期能幫助人們正確

哈佛族尋根之旅

　　學習宗教，涵養包容心、擴大生命視野。「愛與和平地球
家」則是靈鷲山創辦的國際非政府組織，主要是協助緬甸
孤雛的教育、泰緬柬的孤兒教養，關懷當地社區基本醫療
等問題，以及辦理國際跨宗教交流，推動宗教對話，謀求
宗教和平等。

　　在禪修法門方面，主要是闡釋心道法師傳承的法脈、
法門特色，以及如何應用於生活。在課程中多以心道法師
禪修的公案以及心道法師和僧眾的互動為例，來啟發弟子對
禪的領悟，並釋疑解惑，以期讓人深入禪法、明悟見心。

　　靈鷲學第四階段，說明社會關懷志業的發展，並介
紹靈鷲山緬甸國際禪修中心、朝聖等弘法活動。社會關懷

宗博十週年館慶活動於靈
鷲山舉辦國際研討會，靈
鷲山僧眾與會學習。

方面包含臨終關懷和獨居老人關懷。臨終關懷包括注重臨
終者的心理變化、需求，以及說明助念、超度等重要佛事
事項。獨居老人關懷則注重戶外參訪，並在實習後予以指
導。緬甸禪修、供僧及朝聖活動，靈鷲山已行之有年，目
的是希望引領人人藉由供養僧寶、參拜聖地而生起敬仰與
信心，鼓勵大眾植福田、種善根。

（3）三乘法脈匯聚的三乘教育

　　二十世紀末，為了籌設世界宗教博物館，繁忙的菩薩
行不斷向前推進，但心道法師始終繫念弟子在佛法學習上
的啟發，因此只要有各家各派實修大德來到臺灣，其總是
親自為弟子請法，這種不限一家一派的學習，開啟弟子對

心性解脫的認識。為此，心道法師不僅親自前往緬甸受南傳三壇大戒，更獲寧瑪噶陀傳承的毗盧仁波切傳授「大寶伏藏」灌頂，承接三乘法脈於一身；也接引南傳、藏傳以及漢傳等不同傳承的法師等善知識來山，為常住僧眾傳授教法。例如南傳的賓內梭達尊者、烏衣麻賴尊者、美蓬尊者、讚念長老，或是香巴噶舉的卡魯仁波切二世、竹巴噶舉的竹巴法王、寧瑪傳承的貝諾法王、莫札法王、毗盧仁波切等成就者陸續來山，傳授寶貴的教法，成就三乘法脈匯集、融會於靈鷲山之盛況。

南傳佛教烏衣麻賴尊者

南傳佛教讚念長老

藏傳佛教寧瑪派上師莫札法王

藏傳佛教寧瑪派上師毗盧仁波切

「聖千手千眼觀音成就法」
　灌頂傳法

僧眾四季精進閉關期
間，心道法師每晚為
僧眾開示、傳法。

　　心道法師不只廣邀三乘各家大師來山
授課，三十年來就算在百忙之中，於每年
四季，還是會親自主七傳授徒眾呼吸法、
寂靜修及臨濟禪門的參話頭法門、行禪、
跑香，維持禪門道風。更於每週一封山開
示時，不斷耳提面命地開解弟子在學法中
的思想障礙。二○一○年起，又訂定弟子分階閉關與考核
辦法，令本山禪風得以更加確立、深耕。

　　經過這些努力，三乘法脈自此深耕於本山，以開放的
心量與實證的智慧，啟發徒眾對心性解脫的明白，突破見
相取相的偏狹之見。

跑香

（4）解行合一、福慧雙修的教育理念

　　由於心道法師的修行因緣，因此靈鷲山的教育體系特別重視解行合一、福慧雙修。在解門方面，有三個重點：

　　一、扎根三學，止觀融通，匯三乘法脈於一家。

　　二、以心道法師多年禪修體證之寂靜修法門為行持心法。

　　三、以菩提心為因，實踐「生命服務生命、生命奉獻生命」的理念。

　　而在行門方面，亦有下列三個重點：

　　一、以「般若空性」為持心法要，實踐「生活即福田，工作即修行」的生活禪理念。

　　二、早晚禪坐、四季閉關，為入道行門。

　　三、學院寺院化、寺院學院化，所學與實務結合應用。

生活作務——過堂

生活作務——於大寮
學習煮早餐

在解行合一理念之下，課程規劃如下：

解門	總論	■ 扎根三學，止觀融通，匯三乘法脈於一家。 ■ 以菩提心為因，實踐「生命服務生命、生命奉獻生命」的理念。
	戒學	在家五戒、八關齋戒及菩薩戒等，並以《南山律在家備覽》為教理總綱， 《學佛行儀》、《毗尼日用》為行持之輔助。
	定學	以心道法師多年禪修體證之寂靜修法門為行持心法。 初修部輔以天臺《小止觀》為入門次第，並以觀心之功課， 啟發學生從生活中觀照覺性。 後以《觀靈覺即菩提》為進階，輔以禪宗祖師之修證法門與公案， 深入止觀法門與實修應用。
	慧學	■ 漢傳：《佛法概要》及唯識入門《百法明門論》為主，為未來進階各宗學問之基。 ■ 南傳：以《阿含經典》選讀為主，從經典中深入佛陀原始智慧的精華。 ■ 藏傳：以《菩提道次第廣論》為入門之基，進階則師承紅教寧瑪派， 　　以吉美林巴祖師之《功德寶藏・歡喜雨》為主，學習顯密道次第，如實觀修。 ■ 專題：史學、靈鷲學、三乘法脈之傳法、三乘法教特殊專題等。
行門	總論	■ 以「般若空性」為持心法要，實踐「生活即福田，工作即修行」的生活禪理念。 ■ 早晚禪坐、四季閉關，為入道行門。 ■ 學院寺院化、寺院學院化，所學與實務結合應用。
	法門修持	早晚課共修、修行日課、四季禪修閉關、華嚴法會閉關等。
	生活作務	過堂、出坡、煮早餐、園藝種菜等。
	實習服務	道場殿堂實習、法會活動實習、學佛營實習、護關服務、畢業實習等。
	校外教學	學習參訪、關懷獨居老人、畢業旅行等。

3、成果與願景

　　心道法師從出家閉關到弘法利生三十餘年，在順應此全球化時代中，體會到佛教的修學應有它一定的次第性，但也要有其靈活性。可以三乘相互圓滿地修學，所謂內羅漢、外菩薩，內羅漢代表佛法扎實的修學次第，一步步地把根基扎穩，邁向涅槃的無漏果；外菩薩代表靈活性。佛法的真正修學實踐，根基始於發菩提心。發心之後，要好好落實於實踐，以戒定慧三學確立當代佛教的修學體系，作為南北傳三乘佛法的共同基礎和總持，再以悲心行願來緣起成佛。

第十三屆青年佛門探索營——真心遇見佛，守護真心。

第十三屆靈鷲山青年佛門
探索營，學員與心道法師
大合照。

　　靈鷲山僧伽教育之開展，希望接引更多有心求道的青
年學子，學習三乘佛法，在菩薩道的踐行之中，完成自覺
覺他、覺行圓滿的修證，更期望能為整個佛教培養出能夠
「傳承諸佛法、利益一切眾」的法門龍象，將佛陀教法弘
揚於當代。

大專青年
「和平Young Touch」活動

45

（二）生活教育

除了課堂上的體制教育外，心道法師也很重視僧眾的日常生活教育，因為教育需落實在生活上。

1、隨機逗教、傳授觀心、直入心性的生活禪觀

根據不同弟子的根器特質，心道法師也常以一對一的教育方式，隨機逗教，傳授觀心和觀照法門，使弟子們深入心性，有時怒目金剛、有時慈眉善目，從掃地、煮飯等各種執事及應對進退中，嚴謹及慈悲地提點弟子們在心性中的患得患失，這種從日常生活中帶動弟子觀察自我的教育方式，也讓追隨的弟子們在心道法師隨時教育的情況下，不斷學習放下與覺醒。

生活就是菩提，生活裡面就是覺醒的地方，覺醒的時候覺性就會清楚，清楚就是解脫，只要本著這樣的觀念去做，在生活中就是造福、就是修行。這種以禪為中心、以心為中心的生活禪觀，就是般若的生活與慈悲的表現。

「一切的顯現，都是智慧！」心道法師平易自然、沒有章法、處處破相到底的教育方式，直截地呈現心性的真實面，學法的弟子必須深具信心，方可見心道法師教導上的道理與苦心。

隨機逗教的生活禪（開山聖殿）

2、注重徒眾基礎功夫之養成：堅持每年四季閉關——以「寂靜修」法門作為道場弟子的宗門功夫

　　寂靜修法門來自心道法師塚間苦修時期的融會與體驗，也是自默照禪轉化而來，心道法師歷經破廟、骨塔、塚間、草棚、廢墟、山洞等地，累積十數年的頭陀行不倒單、斷食苦修實證，對此法門體會至深。心道法師非常重視弟子們在基本靜坐禪修的時間與用功，自開山收納徒眾以來，每年維持內眾的四季閉關，是他一貫的堅持。

　　心道法師重視弟子禪修閉關的基礎功夫，定力如果夠，言行舉止就不會虛浮，威德力就會出來，觀照力也才

一年四季僧眾精進閉關，澈見本心。

四季精進閉關，心道法師圓滿開示，大眾分享禪修心得。

僧眾冬季華嚴閉關

二十一日精進閉關獨參，在清淨的照見中，與上師相應。

能顯現，禪修就是觀照心體、安住心體，才能顯現心體。每年的四季閉關，除了讓弟子們在繁忙的工作中找回自己轉化習氣，為明心見性累積資糧，也是讓弟子們有更多的道力能夠再往前利益眾生。

3、弘法與修行合一的安心之道——菩薩行

　　心道法師強調：工作即是修行，生活即是福田，整個修行就是菩薩道。靈鷲山的僧眾弟子，必須承擔弘化事

業，又說：「弘法、修行，是我們道場的精神理念。修行，是幫助自己，能夠明白自己的心性；弘法，是樹立起覺悟的種子。弘法，是長養慈悲心，長養很多法緣的機會。」

心道法師也鼓勵弟子安心要安對地方，靈鷲山弟子的安心就是安在行菩薩道、佛覺與度有情之上，安心安不對，潛力就無法發揮，所以度有情慈悲，所做一切都是覺醒眾生、成就佛道。心道法師說：「行菩薩道處處都是學習！」從四念處與八正道的基礎出發，以此行菩薩的願力來成就佛道。

4、多元啟發的教育學習

心道法師鼓勵弟子多元的學習，只要是能令弟子得到啟發，他都不斷聘請好的教授師資來山上課，讓弟子們能夠多聽、多薰陶以得到啟發，把佛法的精神使命與理念貫通清楚，再加以推動。多年來弟子們在心道法師的帶領下廣學三乘及各家法門，最重要的意義就是要讓弟子能夠清楚明白作為一個現代的出家人，在佛法上如何建立正確的知見。基礎穩固後，才能扮演好應有的角色，也才有能力接引大眾入佛法大海。

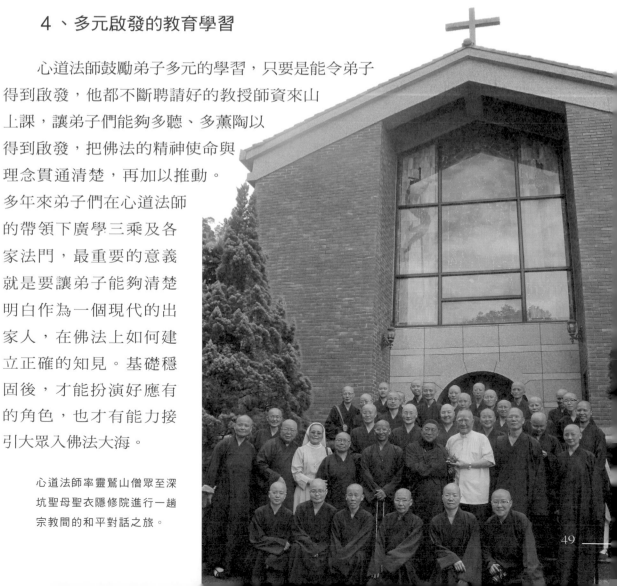

心道法師率靈鷲山僧眾至深坑聖母聖衣隱修院進行一趟宗教間的和平對話之旅。

靈鷲山三乘佛學院師生在首座了意法師的帶領下，參訪佛光山與佛陀紀念館。

5、堅持弟子弘法修行並進——每週一封山課程迄今不輟

　　心道法師非常重視弟子每週一回山的精進課程，他常常鼓勵弟子：「回山就是彼此學習、彼此瞭解、彼此鼓勵，週一封山就是一個彼此互動與溝通的機會，既是修行又是教育，也是一個僧眾凝聚共識與休養生息的時間。」

附表：生活教育透過以下各層面，如實貫穿：

分類	內容	效益
週一封山開示	心道法師對僧眾之修行、身心靈、生活、執事開示	處理自我修行問題
生活宣導	活動、生活經驗分享、共住生活問題之共議	共議共決的平臺，讓彼此有更多的溝通、認識
共修	經典共修 法會共修── 圓滿施食、水懺、齋天、誦戒布薩	透過共修觀修，一心不亂，自我修行，利他菩薩行
法門修持	早晚課、過堂、平時日課、禪修閉關、華嚴法會閉關	訓練威儀、自我修持、安住身心……
生活作務	出坡、煮早餐、園藝	單純、清淨、無惱無怨、奉獻、慈悲、喜捨
實習服務	道場殿堂實習、法會活動實習、護關實習、營隊實習、畢業實習	學習人事修養、倫理、承擔、耐煩、柔和忍辱、謙卑
校外教學	參訪	廣大心量、廣學多聞

二、信眾教育

對於信眾的佛法教育與修持方法，靈鷲山除了成立慧命成長學院，作為推動信眾教育的堡壘外，同時也將信眾教育落實在日常生活中，並具體地表現在靈鷲山四大弘法：禪修、法會、朝聖與生命關懷上，而整個教育體系的內涵其實就是以佛法來實踐生命教育。

生命教育是讓生命有所皈依，也是對生命意義的安頓。讓信眾瞭解生命教育，不僅能明白生命的意義，也確認自身生命的歸宿處，以便在面對死亡時毫不畏懼，身心安然。學習禪修，可安定身心靈、開啟智慧；參與水陸空大法會，可以深化心靈，超薦亡者；朝拜聖地，可以滌淨塵思，體悟覺明；實踐生命關懷，可以與一切眾生結下善緣，內心更為清淨、無所執著，這是靈鷲山推動四大弘法作為信眾生命教育內涵的主要思考。期望藉由四大弘法志業的推動與參與，接引十方善眾，落實菩薩道不離生死、不住涅槃的觀照，時刻覺照本心，實踐利益眾生的佛化志業，成為現代佛門解行合一的行者。

此外，為了讓信眾教育能夠與佛法教育能有更緊密地結合，靈鷲山亦舉辦儲委精進營、委員精進營、四季幹部精進營以及宗風共識營、宗風讀書會等各項教育訓練課程，希望長養護法信眾的菩提心、提升對佛法的認識，也希望藉此能讓護法善信更加瞭解心道法師「心和平，世界就和平」的弘化理念，以及靈鷲山「慈悲與禪」的宗風與弘法實踐；讓護法善信能夠在世界各個角落搭起善的網絡，傳播愛的種子，讓護法的巨輪得以永續轉動。心道法

師說：「靈鷲山舉辦護法信眾的教育訓練，就是希望能將這份傳承佛法的信心，愈來愈深化、鞏固，所以大家要秉持：『只有貫徹，沒有抱怨』的信念。對內，要有信心、企圖心和志業心；對外，要表現樂觀、積極和正面，當每個人都融合成一個大團體，就會形成很大的造福力量。」

總結來說，要推動理念、落實理想，必須依靠群體組織的力量。而「教育」正是組織的根，根扎實鞏固，團隊才會茁壯。弘法是教育的一個網絡節點，靈鷲山對信眾所倡導的教育，是在生命中隨時關懷、處處用心，用尊重、包容、博愛的胸襟面對生命的一切順逆流，發現生命中的奧妙，並以四大弘法活動來表現生命教育的內涵，讓信眾在實踐的過程中瞭解生命、尊重生命並喜歡生命。

委員教育——委員精進營

（一）信眾教育的堡壘：慧命成長學院

1、發展沿革

自一九八三年靈鷲山開山以來，心道法師就相當關切人類在當代的處境。有鑑於社會失序混亂與問題叢生，面對現代物質文明與資訊發達的衝擊，需從心靈教育著手，引導大眾瞭解自我心靈的提升與擴大視野，進而創造一個健康自然的生活環境。同時以「關懷生命」、「提升心靈」、「佛法普及化」為宗旨，主張重建良善社會需在文化教育扎根，始能推廣社會大眾朝向知性、安定、和諧的心靈生活。

因此，靈鷲山於二〇〇二年開辦「靈鷲山慧命成長學院」，積極推展社會人文教育與啟發大眾生命智慧，希望藉由慧命成長學院這個橋樑，接續大眾「續佛慧命，自覺覺他」。在這樣的思維下，慧命成長學院致力規劃各項佛學及世學課程，以及多元的講座，為大眾提供一個循序漸進的學佛途徑，培養終身學習的態度及知能。靈鷲山的廣大信眾也藉由慧命成長學院規劃的「講堂課程」長養「戒、定、慧」的修學。此外慧命成長學院也藉由推出豐富生活化課程，讓在地中永和地區的民眾多了一個可以再進修的管道。

慧命成長學院開辦迄今十一年，不僅提供大眾可以提升身心靈的教育園地，也作為靈鷲山信眾教育及社會教育的連結平臺，可說是靈鷲山推動信眾教育的最佳代表。

慧命成長學院歷年發展重點與特色說明如下：

一、奠基時期（二〇〇二至二〇〇五年）：此三年為慧命成長學院奠基時期，除了豐富的佛學、世學、宗教人文課程外，更藉世界宗教博物館之利，與國立政治大學合作開設「非營利組織管理」課程，為慧命成長學院的開展奠下扎實且寬廣的基礎。

二、發展時期（二〇〇六至二〇〇八年）：此三年，慧命成長學院與國立政治大學國際事務學院合作，開設「宗教發展與國際和平研究碩士學分班」，增加了慧命成長學院在課程規劃的視野與深度。

三、深化時期（二〇〇九至二〇一二年）：此四年，慧命成長學院重新調整與省思社會大眾對於終生學習的需求，以及如何落實信眾教育。因此，慧命成長學院以多元化的課程規劃方式，開設多門的世學課程，以及佛法入門課程、讀書會、講座等。而在二〇一一年靈鷲山落實「慈悲與禪」的宗風教育，慧命成長學院也成立宗風讀書會，作為信眾教育的推手。

此外，配合靈鷲山寧靜運動的宣揚與推動，慧命成長學院在中小學校園的推動落實上也扮演重要的角色。慧命成長學院在二〇一三年特別規劃「心寧靜～情緒管理教師研習」系列課程，以培訓心寧靜教師志工進入校園與家庭，期能創造更祥和的社會。

二〇一三年為慧命成長學院邁向成立後的第二個十年，藉由前面十年的經驗成果與累積，期能迸發更多的能量，因應現代人所需，以佛法的生活運用啟發身心靈的成長，以更多元、活化的課程，連結信眾與社會大眾的文化生活教育。

2、核心理念與重要課程

慧命成長學院的核心理念，就是「續佛慧命，自覺覺他」，表現出來就是佛法教育與生命教育的結合落實。期盼藉由道次第的佛法課程與多元、活化身心靈的世學開設，讓更多人知道學習佛法的快樂，除了有益自我生命的覺醒與成長，更能將自覺的生命智慧幫助更多人，而這就是一個「自覺、覺他」善循環的生命。更進而希望能打破大眾對佛法深奧難懂的迷思，讓大眾瞭解日常言行中都能運用佛法，佛法是人人可學的生活智慧。

此外，慧命成長學院也肩負信眾教育的重責，在靈鷲山各講堂開設信眾所需基礎佛法解門與行門之課程。同時與「靈鷲山三乘佛學院」共同規劃執行「僧伽師資培訓計畫」，積極培養講師及教材的研發，依循心道法師「教育即組織，組織即弘法」的中心理念，一方面完善靈鷲山弘法教育的組織，一面落實信眾教育的推廣，慧命成長學院亦成為靈鷲山僧眾弘法教育的平臺。

（1）慧命成長學院本部課程

慧命成長學院歷經十一載，花費很大的心力在一般大眾的佛學教育和世學教育上，推出許多讓人獲益良多且印象深刻的課程，以下我們進行簡單的分類和說明：

一、佛學課程：介紹各種佛教相關的知識，從經典導讀、佛學通論、禪學、藏傳佛教等不同面向來讓學員瞭解佛法，同時，也針對靈鷲山的宗風、思想、特色開設相關的學習課程。

　　（一）經典導讀系列：課程由淺入深，循序漸進，俾使學員對佛法經典之理論，有較為深入的認識與瞭解。包含六大部分：基礎經典、淨土系列經典、般若系列經典、唯識系列經典、如來藏系列經典、華嚴系列經典。

　　1、基礎經典：佛說八大人覺經、佛遺教經。

　　2、淨土系列經典：淨土法門研究——無量壽經＆彌陀經、無量壽經、佛說觀無量壽經、地藏心——地藏菩薩本願經。

　　3、般若系列經典：般若學基礎——心經與金剛經、般若智慧——金剛經、中觀學。

　　4、唯識系列經典：應用唯識學、大乘百法明門論、唯識學——百法明門論、唯識學——八識規矩頌、攝大乘論。

　　5、如來藏系列經典：楞伽經、楞嚴學／楞嚴經、維摩學、漢傳佛典生死學。

　　6、華嚴系列經典：華嚴經導讀、華嚴經選讀、普賢行願品、華嚴經淨行品與梵行品。

佛學課程：華嚴經導讀

　　（二）佛學通論：除了基本經典學習外，更增加實際應用的學習課程，讓學員能從日常生活中去實踐、練習，將佛法運用出來，藉以從改善觀念到轉變行為、思想，達到時時刻刻都生活在佛法中，為學習目的。

　　課程包括：佛典目錄學、佛教學方法論、佛教經典的現代啟示、朝暮課誦解題、我的第一堂佛法課（初階佛法入門）、開啟生命智慧——佛陀的話語、臺灣佛教美術、佛教心理諮商、佛典與生活、從佛教經典中體悟生命、暑期兒童佛法班、戒學與生活／圓滿人生／以戒為師——在家菩薩戒、八宗綱要。

佛學課程：以戒為師——在家菩薩戒

　　（三）禪學系列：秉持「立禪風、傳心燈」的理念，培養學員熟悉禪學，緩和現代人緊張、忙碌的身心。藉由禪修的實際體驗，養成禪修的習慣，隨時隨地禪修一下，讓心靈平和，身心安頓。

　　課程包括：禪學與生活、心靈禪悅、書法禪、小止觀行法、六祖壇經、敦博本壇經學。

佛學課程：經典開門
——2hr讀懂佛經系列講座
《六祖壇經》

　　（四）藏傳佛學系列：藏傳佛教素有實修的美名，透過論典的學習，更能發揮在日常生活中與佛法的連結，讓學員心繫佛法，時時浸淫在佛法中。另安排唐卡繪畫課程，讓學員深入瞭解唐卡之美與其在修行上的涵義。

　　課程包括：入菩薩行論、蓮師與其法脈傳承、二十一度母讚暨般若心經、掌中解脫（「菩提道次第二十四天教授」）、唐卡繪畫。

　　（五）佛學講座：講座透過現代多媒體影音方式，開啟多元學習佛法的方便之門，也使學員瞭解現代佛法傳播的多元化發展。

　　課程包括：歡喜緣生活系列講座「眾福之門」——說福報，種福田、簡單佛學系列——心的停靠站、簡單佛學系列——別被佛笑沒禮貌、影像佛國系列——高崗上的世界盃、緣起‧源起系列講座、經典開門——2hr讀懂佛經系列講座。

　　（六）宗風課程：「慈悲與禪」是本山的宗風，經由各類型讀書會、朝聖旅遊、專題講座等方式，讓學員有親

佛學課程：經典開門
——2hr讀懂佛經系列
講座《楞嚴經》

臨當下聖地，體會佛法傳承能量的感受。

　　課程包括：宗風讀書會（《聞盡》、《法性比丘尼》、《明心不昧——百丈禪寺祖庭水陸禪》、《朗朗覺性——心道法師閉關日記》）、立體閱讀——心之道讀書會、Life Corner讀書會、心寧靜——情緒管理教學系列課程、覺者足跡——印度聖地概說、不丹朝聖教育之旅專題講座、大悲懺。

　　二、世學課程：

　　（一）宗教學通論：宗教的發展，象徵著人類文明精神的發展，慧命成長學院特別設計從社會學、心理學以及歷史學等各種角度，綜合研討宗教於現代社會的功能與文化的形塑、宗教現代化、宗教與非營利組織等相關議題，剖析宗教在現代社會的應用與傳播。

　　課程包括：全球化與宗教、宗教與心靈治療、宗教與傳播、宗教與現代社會、宗教與法律、宗教文史工作坊。

　　（二）生活養生：吃得安心、活得健康是現代人生活養生的重要課題，慧命成長學院從自然醫學，以及養生功

法出發，開設包括中國傳統醫學，以及瑜伽、太極導引等功法，以尊重自然、尊重生命，以及積極、正面、樂觀的態度，幫助繁忙的現代人，在緊湊的生活節奏中，調適身心，常保健康與活力。

　　課程包括：中國傳統醫學與日常保健介紹、自然醫學、隨身中醫學、四季茶療養生、生活瑜伽、太極導引、敦煌能量養生功──禪悅舞。

　　（三）生活藝術：為了提升現代人的生活品質，在匆促、忙碌的生活中，以禪的自然、簡樸、清淨，調整生活的步調，享受生命的寧靜，開發生命的潛能。慧命成長學院特別開設日常生活美學和藝術創作等相關課程，增加生活的趣味，發現生命的可能。

　　課程包括：禪意美學攝影班、禪韻國畫山水、超意識心靈繪畫工坊、生活的藝術──香道、快樂右腦──手作DIY、輕鬆廚房──Easy Cook、茶禪。

　　（四）日常學習應用：現代社會是個緊密連結的社會，人與人、家庭與家庭、社會與社會、國家與國家彼此

世學課程：生活的藝術——香道

世學課程：
快樂右腦——手作DIY

交流密切、相互影響。心道法師說：「生命是一個共同體的關係。」因此，慧命成長學院特別針對現代人在工作上、人際關係上，以及組織管理，乃至兩岸關係等生活應用層面，設計一系列課程，讓學員瞭解社會的脈動，發現生命的目標與意義，創造良善的生命環境。

課程包括：理則學、非營利組織管理、學習型願景管理、中國大陸研究兩岸關係、兩岸關係概論、資訊社會學、現代父母練功坊、神經語言學、家族排列。

三、語文課程：教授各種生活以及佛學研究上實用的語文，讓學員能從互動、活潑的課程中，學習到各種語文

在生活上的應用，以及透過語言的學習，更深入地
瞭解不同地區、不同傳承的佛法。

　　課程包括：初階英文、進階英文、佛學英文
——翻譯入門班、藏語初階、佛學藏文——基礎
班、藏語進階、巴利語、巴利語佛典選讀、悉曇梵
咒學。

語言課程：佛學英文
——翻譯入門班

　　四、講堂課程：為了要讓各講堂的信眾和護
持者接觸靈鷲山、心道法師後，能夠更瞭解佛法、更瞭解
靈鷲山，從而於生活中能修持佛法、廣行菩薩道，植福培
慧，所以於靈鷲山各講堂開設的課程，刪去與前面課程重
複之處不再贅述，這裡將其他課程，分門別類後，羅列
於下：

　　（一）佛門行儀課程：什麼是佛法？如何成為一個佛
弟子？一位正信的佛弟子，生活中該如何修行，才能獲致
正見、保持正念？慧命成長學院在靈鷲山各區講堂開設佛
門行儀課程，讓皈依心道法師的信眾，能從基本的佛法，
深入瞭解佛法的奧義，為生生世世的生命，種下良好的善
種子，成為一位正信的佛弟子。

　　課程包括：我的第一堂佛法課、皈依、佛門行儀、基
礎梵唄。

　　（二）基礎佛法課程：心道法師說：「怎樣才能讓我
們的思想見地契入佛的知見呢？首先要瞭解佛法的基本教
理。」本課程讓初學佛者瞭解佛法的基本教理，從因果、
緣起的概念，到發菩提心、行菩薩道，以及從生活中，學

習修持心道法師的平安禪，和諧心靈，甚而體悟成佛。

課程包括：緣起・因果、覺悟人生、四攝、六度、四無量心、心靈禪悅。

（三）福慧雙修課程（懺法與觀音法門介紹）：心道法師說：「一切的業障就怕懺悔。」懺悔的力量是很大的，因為懺悔的關係，能把執著的因的力量消除掉，於是所承受的果自然就會減輕了。除了懺悔，如何藉由日常生活修持觀音法門，長養我們的智慧與福氣，讓我們效法觀音菩薩聞聲救苦的精神，以及相應心道法師日課夜誦的〈大悲咒〉與耳根圓通的觀音法門，找到真實的自己。

課程包括：梁皇寶懺、慈悲三昧水懺、觀音法門。

講堂課程：佛陀的話語——《阿含經》概要

講堂課程：平安禪教授

（2）延伸課程——心寧靜情緒管理教學

現代科技進步和文明發達所帶來的種種負面效應，讓許多學子產生包括溝通障礙、情緒失控、價值混淆等身心不協調的狀況。有感於兒童情緒管理和價值正確的重要，以心道法師「心寧靜，世界就寧靜」、「心和平，世界就和平」理念為核心的「兒童生命教育心寧靜運動推廣專案」，於二〇一〇年八月開始邀請宜蘭縣立竹林國小退休教師宋慧慈老師主持規劃，並招募一群優秀的教師志工，進行師資培訓課程與教案編寫，期盼以心道法師「靜心觀照」的方法，結合「有效對話」的會談教學法，幫助孩子從「心寧靜」的體驗中，找回自己的心，做情緒的主人，快樂的學習。二〇一一年三月完成了「靈鷲山兒童生命教育——心寧靜運動」教材與進行試教，並於七月舉辦第一期「心寧靜——情緒管理教學教師研習營」，邀請各界教師們親自體驗心寧靜課程，迄今為止參與研習的老師已超過兩千位，參與者紛紛肯定「心寧靜運動」教材對兒童教育的重要與需求的急迫性，隨後並成立「心寧靜教師

於校園內推廣心寧靜教學

靈鷲山兒童生命教育——
心寧靜運動寧靜日記

第一期靈鷲山
兒童禪修師資培訓

團」，回到各自的教育工作領域以「寧靜大使」的身分來
推展「心寧靜運動」。

　　心寧靜情緒管理教學在全臺各地如火如荼地開展，
從宜蘭縣凱旋國中開始，已經有多所國中小學以寧靜一分
鐘，作為上課鐘聲，作為讓學生收心學習的一良好輔具。
希望能夠培訓更多的心寧靜大使，幫助學生、教師、家長
學習心寧靜的方法，盼能從寧靜自己開始，進而成為寧靜
家庭、寧靜校園，創造一個寧靜的社會與世界。

心寧靜——情緒管理教學
教師研習營

3、成果與願景

「十年樹木，百年樹人」，教育不是一項立竿見影的
工作，而是長期陪伴的工程。慧命成長學院耕耘的是一塊
無聲的福田，十一年來慧命成長學院播種、耕耘，開設無
數課程、講座，吸引各地學員，有學員甚至遠從基隆、桃
園、臺中等地區前來永和上課。

慧命成長學院的成果或許難以量化，但唯自期將心道
法師所提出的「教育即組織，組織即弘法」的教化理
念，具體地落實與推展。秉持「續佛慧命，自覺覺
他」的成立宗旨，讓更多人可以學習佛法，獲得
佛法的快樂，利益更多人，成就一個自覺、
覺他，良善互動的社會。

（二）四大弘法教育

「教育即組織，組織即弘法」是心道法
師在提及教育、組織、弘法三者時的定位，

亦即教育需要通過組織活動來推動落實，而組織活動需要通過教育來強化凝聚，三者是呈現相互結合、互為支持的關係。因此，四大弘法從表現上看來雖然是組織所發起的活動，但背後也是以靈鷲山整體核心教育理念作為其實踐內涵，是以教育為最高指導原則，並由此來強化組織和推動弘法。

1、禪修的教育理念與實踐

心道法師曾對禪修的意義做過提綱挈領地開示：

「內在的真理就是永恆快樂，我們學佛最大的目的，就是找到裡面真實的自己，現在外面這個假的自己，只會讓我們煩惱，所以我們要禪修，帶動大家禪修，發現裡面真正的自己。坐禪是我們最重要的功課。」

心道法師領眾行禪，感受腳離開地面，再慢慢放下接觸地面的寧靜。

靈鷲山的宗風是慈悲與禪，心道法師以禪修立業，揭示禪修是靈鷲山的宗風及弘法的本源。禪修是佛法得以進入般若的基礎，所謂的修行，就是不斷地自我修正及提升自我的證悟性，而禪修是實修必經的歷程。靈鷲山推廣禪修就是在闡揚宗風，樹立靈鷲山禪風的實修道場。

目前靈鷲山舉辦的禪修活動，除了平安禪，還有「雲水禪」、「親子禪」與「企業禪」等，亦有每年舉辦一次的「萬人禪修」活動，希望能將禪修活動推廣到社會大眾日常生活中，並由此確立靈鷲山宗風。此外，靈鷲山也推廣最適合現代人需要的平安禪以及一分禪，平安禪鼓勵人人「每天三次，每次九分鐘，讓心歸零」，通過呼吸法和聽寂靜的方式，讓人可以觀照自心而面對、掌握自己並獲得內心的寧靜；而一分禪則是通過「深呼吸、合掌、放鬆、寧靜下來，讓心回到原點」等五步驟口訣，讓現代人在忙碌的生活中，隨時隨地都能回歸心靈的原點。二〇〇八年將「萬人禪修」轉化為更為大眾容易接受的「寧靜運動」，推廣寧靜手環與寧靜一分鐘。而靈鷲山的大小活動，也都以寧靜一分鐘開場，將這份禪修種子深深烙印在眾人心中。

2、法會的教育理念與實踐

佛教法會都是根據經典傳承的義理而來，儀軌的基礎皆來自佛法義理，主要目的在於懺悔滅障和為眾生消災祈福，以獲得功德利益。除了禪修的內在觀照之外，靈鷲山的佛法修行方式同時也強調「慈悲」的觀念，認為修行不僅要靠禪修來自我了悟，也必須關懷所有曾經與自己有關聯的生命存在，因此提出各式以佛教義理為基礎、強調修行的法會來消災祈福，希望藉此神聖的儀式，不但懺悔自身累世業障，也慰問冥陽眾生，在自覺覺他中，祈使彼此皆能昇華靈性、親近佛法。

啟建法會的目的是教育，引導信徒能夠開智慧、成佛道。心道法師曾對為什麼要啟建水陸空大法會有過明確地開示：「我們今天啟建水陸空大法會，就是一份對眾生的愛心，如果能做出更大善緣的推動，讓我們每個人在佛法的學習上，更有空間、更有互動，這才是水陸空大法會的目的。」這也適用於所有法會的精神。他提到水陸空大法會的核心精神就在真誠地懺悔：「水陸空大法會整體的精神，就是謙卑的懺悔，真誠地面對自己的缺失和不足，以謙卑的心禮敬諸佛、懺悔業障，擺脫過去不好記憶體的糾纏與牽絆，轉識成智。」而這樣的過程讓我們更能瞭解當下修行的意義：「水陸空大法會就是一個轉識成智的過程，把當下的水陸空大法會當作極樂世界，當作是我們跟諸佛菩薩、跟群靈在一起成就淨土的地方。所以是在發動淨土的一個大愛，讓接觸我們的眾生都能得到淨化、離苦，都能有正知正見，產生無量的法喜、無量的慈悲，這個當下的世界才是我們要耕耘的地方。」

靈鷲山水陸空大法會

　　靈鷲山因兼具顯密傳承，每年啟建的法會有漢傳的
各種懺悔法門與經典共修法會，還有藏傳的薈供、財神法
會與圓滿施食法會等，無論那一種法會，都超越了「死、
生、冥、陽」的時空樞紐，不同的生命形式因為法的邀
約，得以重疊在同一個時間與空間，讓所有參與的生者得
以省思生命的真義，珍惜當下身為「人」的福報，進一步
提醒自身修善去惡，培養無緣大慈、同體大悲的精神。雖
然法會是佛教的宗教儀式，但其中所蘊含的生命省思，卻
超越了宗教的藩籬，讓人們更加懂得尊重、包容、博愛各
種形式的生命。

　　自一九九四年靈鷲山首度啟建水陸空大法會至二〇一三
年已邁入第二十年，成就成千上萬信眾的願力與殊勝功德
力，已然成為水陸空大法會之典範。靈鷲山期許接引更多
善緣，學習佛法、禮敬諸佛、懺除罪業、修行善法，以圓
滿無上佛道，成為普賢十願的實踐道場。為圓滿每一場的

靈鷲山祖庭寂光寺啟建報恩地藏法會

水陸空大法會，靈鷲山在一年前會先舉辦五場先修法會，
為生者消災補運，也表達對亡者的追思與報恩。這場每年
一次的大共修、大齋供，齊聚萬人之力，以共振共鳴的法
喜，令一切眾生皆得離苦而契入善業。

水陸空大法會梁皇大壇

印度朝聖——於拘尸那
羅朝禮佛陀涅槃相

3、朝聖的教育理念與實踐

朝聖是靈鷲山特別重視的心靈教育。所謂朝「聖」，就是要具備聖人、聖地、聖物，才達到朝聖的意義。靈鷲山每年舉辦許多海內外各聖地的朝聖活動，已成為年度重要修行記事，期望藉由嚴謹的朝聖儀式，從朝聖中學習聖人的道路，也消除一己傲慢心，從而建立謙卑無我，這是弘傳佛法的具體方法。心道法師說：「朝聖，就是種一個成佛的種子，種一個成佛的因。朝聖的意義就是在求願，願我們成佛成功、障礙消除、學佛順利、智慧無礙，朝聖就是朝我們的心靈能夠得到安定。」因此，朝聖可學習諸佛菩薩的慈悲與願力，也能堅固道心、淨化信念，讓人人學佛的信心不退轉，增長福慧資糧。

靈鷲山三十年來，朝禮聖地的足跡遍及了印度、尼泊爾、緬甸、西藏、不丹，以及中國四大名山，引領大眾共沐聖蹟之風。靈鷲山朝聖團全程日誦修持、懷恩茹素，在心道法師隨團講授帶領下，攝心、禮敬、供養、朝拜、繞

行、禪修，整趟旅程即是一次精勤的生命洗禮。

　　心道法師除了帶領大眾到全球各地朝聖之外，更大的願力是將靈鷲山建設成為聖人、聖地、聖物齊聚的「華嚴聖山」；華嚴聖山不但是體現諸佛圓滿的神聖之地，也是讓大眾體會諸佛本懷和面對自我本性的最佳場域。心道法師對華嚴聖山的期許是：「華嚴聖山是讓大家轉換心靈的地方，『轉換』才是最重要的目的。環境也是轉換心靈的一個因素，我們的禪堂，加上神聖的磁場，還有山上宗教文化教育園區裡面生態的共生、共榮、共存的呈現，讓大家瞭解共生的道理。」

　　因此，我們期許在心道法師的引領和四眾弟子的努力下，華嚴聖山必將圓滿成就並成為全球佛教徒必到的朝聖聖地。

緬甸朝聖供萬僧——
水上供僧

4、生命關懷的教育理念與實踐

參訪馬偕安寧療護教育
示範中心

生命關懷的內涵是以臨終關懷為主，包含了對臨終者的助念處理以及對生者的安慰輔導，因此可以說是以生命教育為重要環節。對臨終者的關懷與助念往生，皆是為臨終者所做的一種心念引導，其目的是將他們的意識導向正念，並引領他們遠離死亡的恐懼，在來生有好的投生基因及環境。參加助念者在目睹生死百態的生命學習下，體悟生命之無常與脆弱，可從中養成慈悲奉獻的精神與對生命執著的超越，而對臨終者及其家人提供生命諮商及悲傷的輔導，也讓他們理解到生命的緣起聚散是一種必然的存在，唯有以正確的態度和觀念去面對與處理，才能讓自己和他人的生命圓滿。因此，參與生命關懷的實踐，是一種慈悲奉獻、自利利他的行為，是一種發菩提心的表現，對於生死超越乃至修行成就也會有更進一步地體悟。

靈鷲山作為觀音菩薩道場，本著心道法師以「生命服務生命、生命奉獻生命」的理念來弘法結緣，也將生命關懷作為接引眾生的方式之一。因此在講堂課程的部分，靈鷲山規劃了初階梵唄及臨終關懷等課程，培養護法善信，為往生者讀經、助念，並撫慰家屬喪失親友之慟，協助家屬啟建超薦佛事，迴向往生者往生善處。

二〇一二年春季臨終關懷培訓營
——威儀練習

對生者則以實踐志工的服務制度及社會服務為主，重點在於照顧長期奉獻的志工，以佛法觀念及互助模式為基礎，建立服務制度，彼此支援，建構「正面、積極、樂觀」的奉獻生活。另一方面，則藉由「靈鷲山慈善基金會」，實施老人關懷、弱勢孩童輔導，並結合各單位協助臺灣及世界各地的緊急賑災援助，來完成社會服務的工作。

關懷獨居老人

生命教育國中教材

靈鷲山的社會關懷團隊，秉持百福心要十項原則，以信奉三寶、跟隨上師、無盡奉獻、精進勇猛、處處無我、永不退轉、廣結善緣、愛與和平、永續環保、安定和諧來作為工作精神指標。

同時，也以普賢菩薩的十大願王作為仿效依循的標準，期許團隊能夠在上述基礎上，發揮觀音菩薩「千處祈求千處應」的悲願，廣為利益眾生，歸向佛法而努力。

（三）心靈環保教育

心道法師說，當前生態問題是一個危機，而危機產生的原因，是因為人們沒有學習到正確的知識，也因為如此，人們不知道生態問題的緣起，皆來自於「人」。人類一味地追求經濟進步，卻不知過度的發展所帶來的，是永難回復的生態問題。

靈鷲山的環保教育，從佛法的角度出發，從心靈的改革談起，倡導真正的環保教育應從戒除貪、瞋、癡、慢、疑五毒做起，推廣淨身、淨心、淨靈，也推行愛惜地球、淨山淨水、少慾知足等觀念，宣導使用環保碗筷，減少垃圾污染，也推廣斷食活動，三餐依時定量，不但維護健康，亦能避免浪費食物。

生命與生態本就是一體循環共緣的法界，為了創造一己與眾生良好的共緣，靈鷲山期望人人回到內在的修持，從「心」開始，共持修行善業，才能創造生態永續的美好因緣。

肆、未來展望：生命和平大學

在靈鷲山核心教育理念和教育系統的基礎上，心道法師也正進一步籌設規劃「生命和平大學」，希望能夠培養愛與和平的人才，為世界帶來平安。

一、推動「心和平，世界就和平」的願景

生命和平大學的核心理念在於「心和平，世界就和平」。出身於緬甸的心道法師，自幼即歷經戰亂的洗禮，始終視推動和平為終生職志，在長期禪修與閉關的生命體證中，心道法師體察到「心」為一切，世間的種種不和平乃源自於「心」，正因為「心」的不和平，帶來了各項慾望和爭奪，讓人和自我、人和他人、人和自然之間造成各種衝突、對立與傷害，也讓人類面臨著各種生存的危機。如果每一個人的心不和平，世界的和平是不可能的，正如此，心道法師提倡「心和平，世界就和平」，強調要從對「生命」的教育出發，回到人們內心深處給予深層的啟發，當人們都能回歸內在的靈性，找到內心的寧靜、和諧與生命的安定，讓心和平，讓生命和平，相信世界將充滿和平的曙光。

二十多年來，在心道法師的推動下，已經於二〇〇一年在臺灣成立了「世界宗教博物館」，推廣「尊重每一個

信仰，包容每一個族群，博愛每一個生命」的理念，同時也持續在世界各地推動跨宗教文化交流，舉辦了十數場次的「回佛對談」，與各宗教進行良善的交流互動，為宗教間的和平對話奠下堅固的基礎。接下來，將進一步跨越宗教與信仰的隔閡，結合各宗教與靈性傳統之善行與美德，以「生命和平大學」為教育的平臺，在多元的文明中，轉化衝突、創造和諧，促進多元、互存、共生，培養推動和平工作的人才，落實「心和平，世界就和平」的願景。

心道法師期許青年學員發願成佛，種下清淨圓滿的善種子，修行成慈悲遍滿的化身佛。

二、建立從靈性出發的教育觀，實現全人教育

誠如心道法師所言：「生命的本然，是和平，是真理，更是一種無限的愛。」生命和平大學是為了推動生命的和平，展望世界的和平而存在的。相對於一般西方教育體制下的大學教育，多重視科學實證與學科專業分工，以追求知識或累積專業技能為教育目標，不僅很少深入思考如何讓世界變得更好的問題，更極少提供啟發生命本質的靈性教育，以幫助培養對生命整體性的關懷。面對這樣的時代課題，心道法師強調：「我們要推動一個能夠傳承生命教育、復興靈性教育、扎根社會倫理教育的生命和平大學。以全人理念，培養具宗教關懷的學生，建立個體內在祥和與圓融的生命。」

在科技發達、高度資本主義化、物質生活進步的現代社會中，人們並未因此獲得真正完整的快樂，對於靈性探索的需求更是有增無減。生命的意義為何？其究竟的依歸處何在？世俗教育無法提供完整的答案。生命和平大學將是一所開啟內在的心靈大學，整體教育理念將在「生命共同體」的基礎上，以靈性教育為基石，透過深度的靈性教育，涵養對個體生命與集體生命的深度關懷，落實積極的生命實踐，帶動整體生命的良性循環。這樣的教育將從心靈為出發，以「靈性」為基礎，透過「多元」、「對話」、「覺察」的學習方式，培養學生擁有多元開放的心胸，開啟靈性生命，成為一個豐富完整的「全人」。

　　啟發覺醒的生命觀是生命和平大學的教育核心，它將是一所強調生命實踐的大學，藉由各宗教傳統的靈性觀與修行法門，以完整的認知與實踐方法，帶領學生學習向內心觀照，學習與真理相處，以真正進入生命的核心，體悟「真理是讓心和諧、世界和諧；真理就是心的面貌」的意涵。透過達到內心和諧、朝向自我生命的轉化，帶動生命的覺醒，培育具有宗教情懷、擁有圓融生命觀的學生進入各領域來推動全球的和平志業。

國際扶輪3490地區 YEP 靈鷲山宗教體驗營
R.I.D3490 YEP LING JIOU MOUNTAIN RELIGION EXPERIENCE CAMP
主辦單位：靈鷲山佛教教團、國際扶輪3490地區青少年交換委員會、台北縣第四分區樹林芳園扶輪社
ng Jiou Mountain Buddhist Society , Rotary International District 3490 YEP , 4th Sub District Shulin Fangyuang R

三、落實愛與和平，邁向地球一家

　　從靈性的角度來看，在這個世界上，無論何種宗教、種族、族群等，其本質都是生命共同體，和諧木應該是一件必然的事。但現在的世界充滿了各種衝突、不安與矛盾，要如何彼此兼容、共生，乃是當今世界所面對的重要課題。

　　在生命和平大學中，將致力於探究如何解決現今社會當中的衝突問題，世人往往因為不同的生活文化，而持有不同的觀念與想法，表面上看起來充滿差異，甚至可能引發衝突，但是如果回到生命的本質、回到人類共同的價值，往往會發現真理是一樣的，不會因為文化差異而有所不同。生命和平大學將以愛與和平為基本的元素，培養愛

與和平的種子，展望生命共同體的實現，開啟生命共同體的和諧。其教育目標將在尊重、包容、博愛的基礎上，共創愛與和平地球家，達到生命的和解，讓整體世界能夠相依相存、和平共生。

從生命和平大學畢業的學生，都會是和平的化身，將到全世界作很好的弘揚，推廣「愛與和平，地球一家」的理念，實踐宗教的和諧交流，創造整體世界的共存共榮，不僅應用宗教倫理於各個社會議題中，導正社會的風氣，開啟世界的美善，更將創造全球生命共同體，讓生命和平、世界和諧、地球平安，讓世上所有宗教、種族、族群都如同一家人，邁向地球一家。

心道法師與國際交換學生合影

四、連結全球教育網絡，推動全球教育平臺

　　基於對「地球一家」的企盼，生命和平大學的籌設也將以全球化的構思格局來進行，在建構位於靈鷲山之實體學院建設的同時，也將進一步串聯全球教育網絡與教育平臺，整合跨國界的各種教育資源，讓各宗教、文化、不同領域之間的資源，以及國家及民間社會的資源，以網絡方式整合在一起，跨越實體校園的藩籬，打造一個體現「愛與和平」的全球教育與實踐場域。

　　靈鷲山在推動世界宗教博物館的過程中，已經與世界上諸多學術單位、宗教團體、宗教教育機構保持友好的關係與連繫，未來將進一步透過連結世界各地的知名大學與教育機構、靈鷲山在世界各地的禪修中心、各宗教在世界各地的靈修中心，以及相關宗教教育、靈性教育、宗教對話機構，串聯起全球教育網路，以全球性的教育平臺，帶動世界對於和平的共識，一同促進所有生命的靈性提升。

五、體現華嚴生命共同體

國際交換學生來山
交流學習

透過生命和平大學的整體教育，我們期許引導出一種生命的品質，開啟覺悟的心靈，實現華嚴生命共同體，引導世界邁向心靈覺醒的新世紀。

藉由更深入地體會生命和平的價值，將能夠開始真正體會到整個世界是一個生命共同體，認知每一個人彼此之間都是分不開的事實。當能夠對這份真理產生真實的覺知，就會由內心生起很大的慈悲，更會對這個世界產生真正的愛心。

誠如佛法所說的華嚴世界，是一切眾生的生命共同體，一切都是智慧，都是種子，也都是平等的，一切智慧的呈現都是環環相扣。透過華嚴的精神，將體現一種共同存在的事實，創造一種平衡作用，讓彼此共同存在、相互依存，產生一種良性循環。在華嚴世界中，不分國界、不分宗教、不分種族，皆能和諧共存，因為大家都是生命共同體，關鍵在只要大家的「心」是美好的，這個世界就會很美好，就能把彼此的優點呈現出來，共同從整體的角度來關心生命的共同點，讓人類整體的生命走向愛與和諧的未來。

六、開展「寧靜、靈性、心和平」的全球運動

從深層的意義來看，生命和平大學不僅只是成立一所大學而已，它將是一場「寧靜、靈性、心和平」的全球運動，將從禪修為根本的靈性教育出發，以禪的清澈覺知與朗然觀照，開啟人們的靈性的智慧，涵養一個真理的生命，讓生命的智慧可以不斷提升、讓慈悲的愛心能夠到處顯現，帶動更多的人一同成就華嚴生命共同體。

生命和平大學的整體推廣計畫將以同心圓的模式開展，體現生命和平大學圓融兼蓄的精神。其中，最核心的一環是心道法師親自主持，以此傳授心道法師一生體證之精華禪法的「心道草堂」；其次，透過「大師講堂」，將邀請世界上知名的宗教與靈修領袖、哲學家、科學家、藝術家、政治領袖等各領域的專業人士授課講學，共同探討如何實現和平的願景；另外，也將結合「遊學證道」，讓學生藉由拜訪參學不同的宗教明師，體會生命和平的實質內涵。至於在學院推動方面，則包括要培養碩、博士生菁英，以實踐和平工作為核心的宗教研修學院，以及以陶冶生命涵養為基石的哲學院；另外也設立「志工學院」，讓更多的人可以藉由參加志願服務工作，深入學習生命和平的教育內涵；最後，最外圍的同心圓則涵蓋了各種社會推廣教育或是終生學習教育計畫，也包括了結合視訊教學的雲端教室，或是各種與世界知名大學合作的國際認證學程。在第一階段的規劃中，將以心道草堂和大師講堂為基石，同步在臺灣推動宗教研修學院的籌備與立案。

　　生命和平大學是心道法師在一輩子的生命體證中,要帶給世人的禮物,將透過對「和平種子」的培育,把這股心靈安定的源頭,擴散到人間,影響全世界,落實「心和平,世界就和平」的願景,讓人間充滿平安,為世界創造和平,進而展望華嚴生命共同體的真實體現,聖山來自聖人,聖人來自神聖的使命,使命來自教導與啟發,「生命和平大學」就是神聖的教育殿堂,是實現華嚴聖山的核心建設。

伍、結語

　　心道法師從一個戰場上的孤雛卓然而為一代佛法宗師，他對生命有著更深的思考與慈悲，他的教育不只是培養出一個佛門菁英，而是能夠走入世間、關懷和透視世間需要的大乘菩薩。因此他的教育體系兼顧的是佛法與世間大眾的連結，在注重自我修持解脫的同時，更重要的是對整體人類生命的關懷與重視，這與他創辦世界宗教博物館、推動生命教育的本懷是相同的，也是何以他會發展出四期教育體系並且籌建生命和平大學的原因。

　　三十年來，在心道法師的引導下，靈鷲山逐步發展和建制完整的教育組織和體制。從強調「組織即弘法，弘法即教育」的生活佛法教育，到具有正式組織制度的三乘佛學院、慧命成長學院，都可以看出心道法師對教育的重視與用心，而未來，心道法師將繼續號召籌辦生命和平大學，培養出更多愛與和平的人才，讓他們在佛陀教法的訓練與薰陶下，擁有大慈悲與大智慧來解決世界上的衝突與紛爭。這是心道法師的教育理念，也是他的願力，相信必能凝聚千千萬萬個相同的願力，讓這個以「愛與和平」為主要訴求的生命和平大學早日矗立，為靈鷲山乃至全人類的教育史寫下嶄新的一頁！

國家圖書館出版品預行編目(CIP)資料

靈鷲山30週年山誌. 教育傳承篇 / 靈鷲山教育院彙編
-- 初版.-- 新北市：靈鷲山般若出版, 2013.07
 面； 公分
ISBN 978-986-6324-54-3(精裝)
1.靈鷲山佛教教團 2.佛教團體
220.6   102011352

靈鷲山30週年山誌/教育傳承篇

開山和尚／釋心道

總策劃／釋了意

彙編／靈鷲山教育院

圖片提供／靈鷲山攝影志工

發行人／歐陽慕親

出版發行／財團法人靈鷲山般若文教基金會附設出版社

地址／23444新北市永和區保生路2號21樓

電話／（02）2232-1008

傳真／（02）2232-1010

網址／www.093books.com.tw

讀者信箱／books@ljm.org.tw

法律顧問／永然聯合法律事務所

印刷／皇城廣告印刷事業股份有限公司

初版一刷／2013年7月

定價／新臺幣1800元（一套六冊）

ISBN／978-986-6324-54-3（精裝）